Meu braço esquerdo

Viviane Mosé

Meu braço esquerdo

Um sim à vida

1ª edição

CIVILIZAÇÃO BRASILEIRA

Rio de Janeiro
2024

Projeto gráfico e diagramação: Ilustrarte Design
Ilustrações de capa e miolo: Nelma Guimarães

Texto revisado segundo o Acordo Ortográfico da Língua Portuguesa de 1990.

Direitos desta edição adquiridos pela
EDITORA CIVILIZAÇÃO BRASILEIRA
Um selo da
EDITORA JOSÉ OLYMPIO LTDA.
Rua Argentina, 171 – 3º andar – São Cristóvão
Rio de Janeiro, RJ – 20921–380
Tel.: (21) 2585–2000.

Atendimento e venda direta ao leitor:
sac@record.com.br

CIP-BRASIL. CATALOGAÇÃO NA PUBLICAÇÃO
SINDICATO NACIONAL DOS EDITORES DE LIVROS, RJ

M868m

Mosé, Viviane
Meu braço esquerdo : Um sim à vida / Viviane Mosé. - 1. ed. - Rio de Janeiro : Civilização Brasileira, 2024.

ISBN 978-65-5802-145-2

1. Poesia brasileira. 2. Prosa brasileira. I. Título.

24-92706 CDD: 869.1
CDU: 82-1(81)

Gabriela Faray Ferreira Lopes - Bibliotecária - CRB-7/6643

Impresso no Brasil
2024

Para Davi

Patrícia Mosé

Irene Redhigiere Mosé

"Aproxima-se o tempo em que o humano não mais arremessará a flecha do seu anseio, para além do humano. E em que a corda do seu arco terá desaprendido a vibrar.

Eu vos digo: é preciso ter ainda o caos dentro de si, para poder dar à luz uma estrela bailarina. Eu vos digo: ainda há caos dentro de vós.

Ai de nós. Aproxima-se o tempo em que o humano não mais dará à luz nenhuma estrela."

Prólogo de *Assim falava Zaratustra*
F. NIETZSCHE

SUMÁRIO

PREÂMBULO

PARTE I

PARTE II

PREÂMBULO

TUDO NASCE...
TUDO BROTA DESDE QUE SEMEIE.

I

A lava que agora jorra
De um vulcão na Europa nasce
Do lado esquerdo do meu peito
E me aniquila

O que antes fervia o sangue
Aquecendo a alma em polvorosa agora
Destrói a superfície por onde atravessa

A cada pulso do peito uma estocada
Até não sobrar nada além do calor
Que um dia foi lava de bondade

Agora fere tudo o que toca
Aniquila aquilo que ilumina

II

Passei a vida com uma lâmina cravada do lado esquerdo do corpo.
Um rio turvo derramava do meu peito onde vive o coração.
E escorria para a mão. Que não escrevia.

Havia uma coisa estranha do lado esquerdo do meu corpo.
Um peso. E tudo era dor. Mas não doía. Não havia lágrima.
Havia uma lâmina cicatrizada na carne.
O peito sangrava. E o sangue estancado não corria.

Mal respirava para não desfazer aquela trama.
Não sabia se um dia arrancaria aquela faca.

III

Queria que conhecessem o meu ombro esquerdo
O meu braço esquerdo. E o meu peito
Que traz consigo o meu coração

Desde que me tornei amor o meu peito cresce
Sem limites. Se derrama até o chão
E chora a aridez do solo
O amor não nasceu para o chão

O fato é que o meu braço esquerdo foi estraçalhado
Com a mão direita recolho o que sobra
Tento colar os cacos do que ficou

Coloco o que agora é um tipo de feto para dormir
O cubro com cuidado. E o alimento de carinho
Na esperança de que cresça

Aos poucos percebo de volta o contorno dos ossos
Os músculos. As mãos. Mas ainda não se mexe
Não quer nascer. Ele tem medo

EU TE
AMO
VIDA

PARTE I

um abismo sob os pés expõe a farsa da palavra chão

1

Já não abro os classificados. Me livrei dos infinitos anúncios. Os quartos. As salas. Fiz um lar em muitos deles. Coloquei móveis. Tapetes. Flores. Na tentativa de algum lugar que me coubesse.

Até que a casa caía totalmente. Havia muito teto e pouca base. Móveis e louças sem chão. Andava nas ruas sem anúncios nas mãos. Já não havia casa possível. Apenas esta ausência.

Do centro do corpo logo acima do estômago um vazio se espraiava. Já nem chorava. Atônita. Via e revia anúncios. Selecionava alguns e saía. No carro com a garganta atada a um nó rezava baixinho em busca de uma melodia antiga. Um acalanto de mãe. Um calor.

Um abismo imenso me invadia. Às vezes o choro vinha forte. Urrava de dor enquanto dirigia. Estacionava. Secava o rosto. Seguia. Entrava nas casas. Ficava quase feliz com alguma possibilidade de fazer dali um lar. Eu tinha pressa.

Havia perdido ao mesmo tempo o corpo e a casa. Não havia sobrado nada. Sem o meu peito esquerdo. Sem o meu braço que havia sido arrancado à força. Não podia nem mesmo me sustentar na casa o corpo que agora me abraçava. Faltava ar. O peito não abria.

O medo da contaminação aumentava. Tinha muito pavor de morrer e deixar meu filho no nada. Ou em mãos que prometeram protegê-lo e agora pareciam odiá-lo. Nas madrugadas de olhos arregalados entrava em desespero.

Ela que me jurou protegê-lo se eu morresse agora olha pra ele com raiva. Se incomoda com tudo o que ele faz. E diz. É visível como a pura presença dele a incomoda. Já foram amigos. Se gostavam. Agora que se tornou um homem tem ciúmes dele. Ela não lida bem com homens.

[illegible] outros autores. [illegible]

[illegible]

[illegible]

[illegible]

[illegible]

[illegible]

[illegible]

2

Aos poucos ela ia desfiando nossa vida. Ponto a ponto. Laço a laço. A alegria que eu trazia quando chegava e da qual ela sempre se regozijava. Da vida que eu transbordava desde que me levantava dando bom-dia e abraçando os cachorros. O investimento nas coisas da casa. Tudo o que nos alimentava era agora o que havia destruído sua vida.

Os meus sonhos que até então eram os seus a levaram a um caminho que agora rejeita. Os passos dados de mãos dadas são abismos que impus a seus pés. É como se ela não estivesse nunca ali. Onde eu achei que estivesse. É como se ela não existisse. Nem eu.

Ela esbravejava com olhos de fogo. Eu desmanchava por dentro. Cada palavra. Cada frase dita apagava uma parte daquilo que eu era. Ela desfez nosso dia a dia. Abraço a abraço ela desfez até faltar quase nada para a dissolução total. A alma rasgada derramada no chão.

Antes que toda palavra todo sentido me abandonasse segurei uma ponta daquilo que se desfazia. *Isso não é verdade você não pode dizer isso*. Mas ela disse. E eu perdi o ar. Andava pelo quarto tentando respirar. O chão faltava. Sem chão e sem teto. Sem ar. Tentava não entrar em desespero.

Tudo o que era fixo. Forte. Tudo o que era firme. Agora se desfazia em menos do que vento. Vácuo. Meu corpo vácuo. Minha memória um saco vazio. Andava em desatino.

3

Enquanto se tornava cada vez mais uma estranha eu ia perdendo a densidade do corpo. Busco algo que faça sentido. Um ponto qualquer. Um porto onde me ancorar. Alguma luz. Mas tudo se desintegra à minha frente. Ela me desfia. Me desfaz. As pernas amolecem até o chão. Procuro por mim mesma e não encontro. Não tenho um ponto onde me ancorar. Me falta ar.

Começo a entrar em desespero. Ela se levanta. Pega uma bolsa que já estava pronta e sai. Com ódio nos olhos. *Não saia desse jeito. O que foi que eu te fiz? Por quê?* Pergunto. *Eu deixei de acreditar*. Ela diz. Me olha de cima com alguma satisfação. Como se tivesse passado todos esses anos esperando por isso. E vai embora.

Havia me casado com uma pessoa perversa. Me dava conta. Que me falava de amor enquanto cozinhava um ódio acanhado. Escondido durante anos. Agora me olhava distante e fria enquanto eu me estraçalhava. Não. Ela não é perversa. Pensei. Mas a vida que nos inverte. Derruba. Destroça. Mesmo que a gente tente desesperadamente fazer tudo certo.

4

Tudo o que plantei foi no terreno que agora desaba
Era tudo água corrente onde pensei que fosse chão

Não havia nada ali. Nada. Onde pensei que houvesse

5

Foi como se um acidente tivesse arrancado o meu braço esquerdo e as veias e tendões arrastassem tudo para fora. Sentia minhas vísceras expostas. A única coisa que sabia era que precisava ficar imóvel. Paralisada. Alimentada por gotas. Até tudo se aquietar por dentro. Me via sob risco de desabamento. Setenta e duas horas depois me levantei. Tinha pressa. Mais do que isso. Tinha um filho. Ele ainda dependia de mim. Ainda bem.

Nas primeiras horas em que morria meu filho me velava. Com palavras doces e raras. Falava comigo devagar me olhando nos olhos. Sempre muito suave e firme. Ele me conhecia bem. Se não sabia ao menos intuía a dimensão da minha fragilidade. Constitutiva.

Sua delicadeza e seu imenso amor me guiaram e me trouxeram de volta. Da escuridão extrema em que eu habitava. Sem luz tudo me chamava ao sono. Eu mergulhava em um estado cada vez mais sem dor. E sem vida

Fica quietinha que tudo passa. Era como se algo me dissesse. *Venha. Esqueça o mundo lá fora.*

Não tinha coragem de olhar ao redor. Os destroços de tudo o que eu havia construído. Fora e dentro de mim. Sou um ser atormentado. Pensei. Tormenta: revés da sorte. Sofrimento inesperado. Desespero. Sim. Eu era uma pessoa atormentada.

Meu filho se senta ao pé de minha cama. Toca suavemente os meus pés cobertos pelo lençol. Traz um assunto leve. Aos poucos me arranca uns sorrisos honestos como são os afetos na tormenta. Ainda sem letras prostrava imóvel. Perplexa.

6

Tudo ia muito mal quando minha mãe soube que eu viria. Ao mundo. Então não quis que viesse. Mas eu me impus a ela. Que declinava.

Ninguém estava lá em minha chegada. Posso sentir a solidão do princípio. A falta de um primeiro abraço. Que não veio. Ainda hoje anseio. Por esse abraço. Impossível.

Sim. Eu tenho coragem de assumir o sereno de onde vim. A falta de mãos de afeto sobre o meu corpo. Que restou aberto. A carne exposta. Os poros escancarados. O vazio na boca de minha mãe. Em agonia.

Sim. Eu posso entendê-la. Mil vezes posso. O abismo em que vivia. Mas isso não muda a ausência em mim tatuada. Cheguei quando não havia nada. Nem mãos que me contornassem. Nem braços que contivessem o meu corpo em desamparo. Permaneci sem limites vazando. Vida adentro.

Aos poucos fui aprendendo paredes nesta casa corpo sem teto e sem chão. Uma a uma fui tecendo esta pele que não cessa. Vento a vento. Pedra a pedra. Poro a poro. Até achar que as tinha. Foi quando desabaram.

7

Durmo no vácuo. As janelas abertas invadidas pelo céu
A luz da lua agora me fere os olhos. Me derrama
Armas brancas. Lâminas. Tudo me traz de volta o corte
A chaga aberta. Que não cura

Uma água densa e suja brota do lado esquerdo do peito
Entro no chuveiro. A água muito quente acalma a pele
Os músculos. E a ferida por um momento cicatriza
Ou adormece

Lavo as mãos com óleo de amêndoas
Distribuo pelo corpo em abundância
Faço comigo mesma um tipo de batismo
Passo óleo nos cabelos. No rosto. No sexo
Em um tipo de reza

Elaboro um pedido de união a todas as partes de mim
Que nesse momento se deem as mãos e vibrem no mesmo tom
Nossa casa corpo está sendo invadida
Forças desagregadoras nos levam ao chão
Reina o desamor. Tudo agora é não

Os travesseiros arrumados. A cama
Que não é mais desfeita por nossos corpos entrelaçados
A cidade vazia. Os encontros cancelados. As festas
Agora cada um pro seu lado

8

Nas portas fechadas de Copacabana muitas vezes o aviso. *Noticiamos o falecimento do nosso querido…* Noutras apenas ninguém. Moradores de rua famintos assediam os raros pedestres. A cidade chora seus mortos. Milhares de pessoas em tubos anseiam por um pouco de ar.

Sinto raiva. Vontade de vingança. Tenho ânsia de maldade. Mas passa quando o corpo se ajeita em algum canto da casa. Respira a manhã enquanto escrevo. Leio. Olho pra fora. Reaprendo a ver o sol ainda frio trazendo uma sinfonia matutina. Aqui. No Alto desta cidade tão triste.

9

Amo a vida. Mesmo quando provo de sua face mais amarga
Feito agora. Quando os frutos apodrecem dando larvas
Agora que não água da fonte do corpo. Agora que nada

10

Já não ouço o barulho da fonte
A terra seca da pele já não brota
Tudo pedra

Os poros empoeirados
As janelas fechadas
Não há vento
O sol não se move no céu
Sem nuvens

O pensamento pavoneia
No entanto
Nesta fresta de luz
Entre as palavras

11

Assim que meu filho nasce minha mãe me procura. Ela tem os olhos cheios de lágrimas. *Preciso te pedir desculpas*. Mas ela nunca pedia desculpas. Uma mulher forte. Andava de cabeça erguida. E se orgulhava do seu imenso orgulho. Especialmente o de não esquecer o mal que lhe faziam. Agora estava ali. Em prantos.

Eu não estava lá quando você nasceu. O peito estava. Mas eu não estava. Não me lembro do seu nascimento. Só me lembro de você a partir dos três anos de idade. Me perdoa minha filha. Eu não tinha nada pra te dar.

A única coisa de que se lembrava é de que aos três dias de vida fui levada desacordada para o hospital. Os vizinhos vieram consolá-la. *Deus dá e Deus tira*. Eu parecia morta. Mas era falta de vida.

12

Nos primeiros dias o que mais me doía era a saudade. O abismo da ausência me engolia todos os dias pela manhã. Nossas manhãs plenas de abraços. Acordávamos cedo e a casa era só nossa. Nosso café. O banho de ofurô. O carinho nos gestos e nas palavras. As conversas.

O braço esquerdo ferido já não se levanta. Sentia uma saudade física. A presença da ausência me devastava. De suas idas e vindas ficaram o olhar de desprezo. As palavras maldosas feito estocadas rítmicas. No centro do meu corpo e entre os peitos. Onde guardo coisas.

Nem uma gota de espírito reservei para este deserto que hoje atravesso. Indigente tive que dar o que não tinha. Da terra árida a que se reduziu a minha alma tive que extrair algum tipo de vida para alimentar as vidas que dependiam de mim.

Acima de tudo o meu filho. E nossos animais. As muitas pessoas que trabalham comigo. Todos esperam que o meu sorriso volte a brilhar. É com ele que planto sementes nos olhos dos outros. Sementes de um novo olhar sobre a vida.

13

Durante dois meses foram muitas idas e vindas até tudo terminar. Ela vinha já estando fora. E eu não concebia estar senão dentro. Não entendia. Mas ela não estava mais ali. Olhava tudo com certa distância. E foi tecendo o descaso. O desamor ela foi treinando até sair. Sorrindo com frieza.

O amor é estranho. Tem muitas faces. Mesmo naquele rosto duro. Preparado para o não. Havia e eu via o calor de sempre estagnado em rancor. Eu apostava sempre no amor que ali havia. Ela não.

Meu ser derramado não suporta essa interface. Tudo em mim escorre pelos lados. Não sei ser senão sim. Mesmo quando digo não o que está falando em mim é um sim. Sim à vida com o que ela me impõe. E com o que nela posso criar.

14

Sinto a vida na pele
Minhas células conversam comigo
Convivo com os meus poros
São os meus vazios
Íntimos

Coleciono vidros sem tampa
Quando o mundo me machuca recorro
Eles me acolhem

Herdei um corpo vazado e um colo vazio
A pele exposta
As mãos em letras
Tenho palavras acesas

Na luz que emana de dentro
Dos poros
Em gestos e voz

15

Sim. Eu digo sim a esta dor. Que agora me assola com um não tão difícil
Sim. Eu vou viver esta ação. Vou sofrer inteira este ciclone no peito
Esta porrada. Que diferença faz se eu não merecia?

16

Saí de casa aos dezoito anos e nunca mais voltei. Hoje sei que precisava sobreviver ao vaticínio. Ela profetizava que eu daria errado. *Só podia ser você.* Dizia quando alguma coisa desandava. Meu nome era sinônimo de exagero. De erro.

Mesmo eu tendo as melhores notas. Mesmo vivendo agarrada à sua saia. Meus acertos pareciam incomodá-la. Minha simples presença lembrava a ela algo que queria esquecer. Ela queria me esquecer.

Pouco antes de morrer quando já éramos amigas e ríamos muito juntas ela me disse. *Sempre pensei que você fosse morar fora do Brasil. Por que não foi?* Eu nem respondi. Essa ideia nunca passou pela minha cabeça. Mas passou pela dela. Minha mãe queria me ver de longe.

17

Eu disse a ela. Às vezes dissolvo no ar. Tenho medo de me perder.
Se me perco me apego a estas paredes. A casa me devolve.

Ela então prometeu segurar a minha mão até eu me encontrar.
Mas ela me empurrou. Do alto de sua torre onde vivíamos.

Fui longe demais por você. Ela diz. *Você foi longe demais*

18

Havia um som indecifrável que me levava para a ausência de pessoa. Ser nada nem ninguém me aliviava. Disso eu sabia. Só não sabia que aquele vazio era o retorno ao estado de um bebê recém-nascido. Ainda sem palavras. Sozinho em um mundo que não nascia pra ele.

Nasci. Mas o mundo não nasceu pra mim. Fiquei na indeterminação. Na ausência de forma por três dias. Até que ela me jogou no chão. Eu não sei se foi mesmo assim. Nunca saberei. O que tenho são cacos de memória que fui montando. Desde que minhas paredes desabaram.

Sem saber fui embalsamando imagens que me feriam. Por dentro. Fazendo brotar uma fonte. Invertida. No centro do corpo onde brota vida. Um rio condensado. Uma represa. Que agora emergia.

A solidão do princípio. O desamor. Me lembro do som das galáxias que me abraçaram quando nasci. Sozinha. Ainda abraçam. Sou filha do universo em expansão. Meu nome é solidão.

19

Em meu sonho mais antigo tenho cerca de três anos de idade. Havia muita lenha queimando no centro da sala de nossa casa. Um tipo de lareira. Minha mãe me joga nesse buraco com muitas chamas. E eu não pareço me importar muito. Com raiva ela me lança no inferno. Enquanto eu olho pra ela com amor e peço sua bênção. *Bença mãe*. Eu digo enquanto caio.

Em outro sonho também muito antigo. Uma mulher furiosa lança um bebê recém-nascido ao chão. Eu desesperada grito tentando impedir. E não consigo.

Já tive por hábito gostar de quem não me queria. Não me querer pra mim já foi sinal de amor. Era o que conseguia elaborar. Minha mãe me amava. Mesmo não me tendo amor.

20

Um supermercado. Na fila do caixa um jovem casal com uma criança de três anos. A criança em um carrinho. Em outro as compras. A criança chora. Muito.

De repente o pai tira a criança do carrinho e a lança impiedosamente ao chão. A criança fica ali estatelada. Perplexa. Muda. Todo mundo viu. A cena visivelmente incomodou. Mas ninguém se importou de fato. Eu parti pra cima dele.

Você não pode fazer isso. Eu dizia indignada. O rapaz fazia parte do tráfico do morro. Ficou furioso e tentou me agredir. Os seguranças interferiram. Ele me ameaçou de morte. Chamaram a polícia que me tirou dali escoltada. Ele de fora me ameaçava. *Vou te achar. Vou te matar.*

Fiquei meses apavorada. Mal saía de casa. Muito tempo depois associei essa cena com a do sonho. Eu era a criança. *Você não pode fazer isso.* Eu gritava. Ninguém pode.

21

Do que você foge? Um conhecido me perguntou uma vez. O *que você fez de errado em sua cidade pra sair de lá?* Saí porque me tornei grande. Maior do que o lugar. Saí porque sou capaz de voar alto. Mas não era isso que transparecia em mim.

De mim emanava o desamparo. O abandono. A solidão. De algum modo as pessoas sentiam que eu não tinha ninguém por mim. Eu estava sozinha no mundo. Desde sempre estive.

22

Às vezes acordo e sutilmente me esqueço de tudo. Por algumas horas ajo como se tudo fosse provisório e a qualquer hora ela fosse voltar. Falo com ela. Me permito pensar nela. Em tudo o que fomos. Tenho certeza de que voltará e será logo. Voltará dizendo que não pode viver sem mim.

Até que acordo do surto de bondade. Me lembro das coisas horríveis que ela me disse. Uma a uma das piores coisas relembro. Retomo. Revivo. Choro. Sei que tudo isso de algum modo passará. Por isso mesmo talvez escreva. Para não esquecer a intensidade da dor que o amor pode causar.

Me desculpe. Às vezes penso. Por ter envolvido você nessa furada que eu sou. É quando tudo o que me corrói vem *à tona. Os meus erros. Desatinos. Furores. Aonde você foi? Demorou a chegar meu bem*. Às vezes parece que foi só um sonho.

23

A morte passeia nas ruas enquanto nos protegemos em casa
Preciso sair. Ou esquecerei quem sou
O cenário é tenebroso. As redes sociais um obituário

Falta ar. Mal me levanto da cama. Tudo pesa
Me arrasto até a cozinha
Ainda bem que os cachorros ladram
Me lembram de que ainda há vida

Lutemos então. Se levante
Dobre as roupas e as guarde no armário
Lave as louças. Ouça música. Dance meu bem. Dance
Olhando as estrelas que ainda invadem a sua janela

Até quando? Até o céu desabar sobre nossas cabeças

24

Uma coisa é a vida
Outra a civilização

Vida é confronto de forças
Gerando formas
E as desfazendo

Civilização é o que fizemos
Com a vida
Na Terra

E agora agoniza
Em nossas mãos

25

Tudo explode em pedaços. Aos poucos tudo cai
Antigas ordens despencam. Sobre cabeças assoberbadas
Que já não enxergam nada. Além.
Das telas de suas janelas sem mundo.

Nem mesmo há mundo. Senão rastros de gestos.
Fórmulas. Que geram pessoas cada vez mais nada.
Nem ninguém.

São imagens sobrepostas acopladas a um corpo.
Meio morto. Signos de um mundo que desaba.
O tecido social. O corpo da Terra.

Tudo desaba também por dentro.
A guerra de cada um consigo.

26

Sem nada do lado de fora
Em gestos cada vez mais dentro
Em confinamento o corpo
Sem nexo. Sem sexo
O corpo perplexo. O corpo parado

Lá fora o pânico do teto que todo dia desaba
A terra furada de covas coletivas
Para desafogar as filas
Falta ar. É preciso respirar

O corpo de dor agora ruge
Cada célula espera
Dias melhores que não chegam
Os poros expostos em suas antigas feridas
Ardem

Porque a vida arde. A vida urge
No abismo da morte
O amor

Amor é o que adere os poros
Um a um
Formando este tronco. De furos
Somos feitos de falhas
Vazados por microvazios

Mas temos medo
De tanto mundo por dentro

Medo do peito aberto. Da mão aberta
Medo dos pés
Porque caminham muitas vezes sem chão

Falta ar. Preciso respirar fora da bolha
Civilizatória
Abrir os poros. O peito. As mãos
O coração
Preciso abrir o coração
Enquanto há tempo

Ainda estamos aqui

27

Estávamos em uma festa de rua. Tínhamos cerca de dez anos. O nome dela era Soraia. Disse que queria me mostrar uma coisa. Uma construção abandonada. Tinha vergalhões no fundo. Achei estranho. Tentei voltar. Mas ela foi me empurrando com o corpo. Sem dizer nada.

Foi tudo muito rápido. Quando vi estava à beira do precipício. Não conseguia reagir. Estava perplexa. Por que ela estava fazendo aquilo comigo? Por quê? Foi quando enfim apareceu uma senhora e me tirou de lá. Contei pra minha família. Ninguém deu muita atenção. Sempre achavam que eu estava exagerando. Só sei que no outro dia ela foi embora dali. E nunca mais voltou àquele lugar.

Eu era atleta de ginástica olímpica. Era baliza da escola no desfile de Sete de Setembro. Tínhamos um tablado no quintal de casa onde improvisávamos um circo. E mesmo que não soubesse era uma menina bonita. Por isso ela me empurrou. Ela só não sabia que eu era uma coitada. Que tinha a alma vazada.

Não era motivo de inveja. Vivia atravessada por uma dor no peito. Um vazio que me consumia a alma. Um isolamento profundo. Não somente em relação a pessoas. Mas a tudo. Um astronauta perdido no espaço. Me sentia sozinha no universo. Sem ninguém.

Mas quem via de fora não. Era como se a vida tivesse sido farta comigo. Então mil vezes fui vítima de assaltos. E arrombamentos. Flechas e lâminas nos olhos. E nas mãos.

28

Meu desamparo de pele atraiu pessoas horríveis
Fui muitas vezes assaltada por dentro
Aprendi a reforçar minhas paredes com cimento

Até ser toda cimento
Uma escultura estacionada ao lado de um banco de praça
Onde ninguém se senta

Não há crianças nem cães ao redor. Não há nada
Apenas o som grave dos processos da Terra

Tudo o que nasce e morre a cada microssegundo eu ouço
O barulho do universo em expansão
O turbilhão que se chama vida
O alvoroço. A alegria

O grito do silêncio ainda ouço pela manhã
As idas e vindas das forças tomando forma
Ganhando corpo

Ouço as células copulando umas com as outras e dando frutos
A primeira ameba. Mesmo sem querer eu ouço
Os pães crescendo no forno. Os bolos

Os filhos no ventre. Os partos
Os sorrisos
O amor

Eu amo o amor. Amo sem pudor
Os detalhes
As mínimas coisas
Como arrastar esta caneta nesta folha

Aqui. Agora
Enquanto pássaros cantam lá fora
E um café me espera na xícara branca
Desenhada de azul

29

Ser nada nem ninguém me alivia
O exercício diário do si mesmo me exaure
Respiro. O peito se abre sem esforço
A vida segue
Mas nem sempre

Às vezes uma garra de ferro me aperta o peito
E eu choro. Até passar
A dor parece que adormece

30

Ela às vezes cantava enquanto cozinhava. Cantava bem. E sabia alguns poemas de cor. Recitava Augusto dos Anjos. Nos colocava para andar com um livro na cabeça. Sustentar o peso do mundo com elegância. Era o que de algum modo ela nos ensinava. Postura. No corpo e na vida ande de cabeça erguida.

E ela andava. Reclamava muito das festas intermináveis que o meu pai dava. Sem ter dinheiro para isso. O que nos deixava muitas vezes na precariedade. Bastava a festa começar para ela se animar toda. Recebia todo mundo muito bem. Tinha uma voz encorpada. Bonita. Era uma mulher firme. Sempre com um assunto interessante.

Me lembro das pessoas falando alto. Rindo. E ela na maior cumplicidade com o meu pai. A casa cheia era uma alegria só. No outro dia quando a conta chegava nem tanto. Ele gastava mais do que tinha. Vinham os desabamentos.

31

Carrego comigo o desamparo estampado na alma. Tudo me arranha
O vento e os olhos das pessoas. As ruas e os postes de luz
As certezas me arranham as vísceras

Meu corpo sobreveio no vácuo e levou esse vácuo por toda a vida
Sou feita de fluxos desconexos que delicadamente arrumo
Plano a plano. Linha a linha

A mim foi dada a honra da escrita. O contorno das letras
O leito das linhas. Aprendi a dar o que não tinha

32

Não adianta maquiar. Era tudo sujo. Imundo. A pia sempre cheia. Tentava ajeitar a casa. Mas não passava de uma bagunça. As roupas uma zona e meu pai gritava sempre com ela que só reclamava e não conseguia colocar ordem em nada. Enquanto ele festejava semanalmente com o dinheiro que sobrava. E com o que não sobrava. Festejava demais. Não tínhamos muitas roupas e até a comida nem sempre era farta.

Tínhamos sempre o necessário. Minha avó morava perto e sempre quebrava o galho. Ela amava profundamente meu pai. Os dois se adoravam. E minha mãe era parte desse amor. Minha avó amava minha mãe que também a amava. A alegria que ele trazia nos agregava. A todos. Meu pai era pura vida. Mas algumas vezes ficava agressivo. E gritava. Não com a gente. Mas com ela. Eles brigavam muito.

A verdade é que meu pai não gostava tanto de trabalhar. Ele gostava mesmo de uma boa festa. Gostava de cozinhar. Conviver. Conversar. Pescar. A rotina do trabalho não o agradava. Então ele fazia o mínimo. O dinheiro rareava e ele nem ligava.

São coisas duras de lembrar. Sim. Eu tinha vergonha da casa. Das roupas. Mas não tinha das pessoas. Talvez tivesse. O que explica a vergonha que tinha de mim. Ainda tenho.

[illegible] A [illegible]
[illegible]
[illegible]
[illegible]
[illegible]

[illegible]
[illegible]
[illegible]
[illegible]
[illegible]
[illegible]

A [illegible]
[illegible]
[illegible]
[illegible]

[illegible]
[illegible]
[illegible]

33

Do lado esquerdo do corpo uma ferida exposta que já não sangra deixa aberta uma fenda que se alastra. Penso que preciso me deitar. Colocar o meu lado esquerdo pra descansar. Um pássaro com alfinetes no peito. Uma criança perdida na multidão.

Permaneço horas deitada na mesma posição. Lágrimas descem sem esforço pelas rugas do rosto. Não me movo. Apenas fico. Dói uma dor sem nome. No centro do corpo. No estômago um nó. Que vai curvando o corpo até o soluço mais alto. O uivo.

Tudo retorna. Retomo todas as mortes. Todas as dores. Choro a própria dor. Choro o desamparo. O desatino. O desamor.

34

Planto amoras no seu jardim onde não estarei quando florescerem
Planto frutíferas. Imagino-as carregadas de vida
Invadindo as janelas. O odor de frutas maduras
De flores
Enquanto a casa dorme abraçada a seus valores
Suas manias.

Esta casa apartada de mim sem que eu possa
Esta casa que me arrasta em sua correnteza cega
E apaga. O que havia de vida adubada nas paredes
O que havia de riso e de voz

Acordo abraçada aos destroços
Junto os cacos em forma de corpo
E me arrasto. Da sala pra cozinha
Ainda sem rosto

35

A chuva fina sobre as folhas. As manhãs
Os olhos dos bichos. As almofadas
O sofá da sala

Meu filho
Tudo se relaciona comigo. Me implica
Tudo em mim é talhado em carne viva

36

Depois que sobreveio o desastre ela foi pra nossa casa de praia. Pelo telefone eu implorava por algum sentido. Alguma comunicação possível. *Uma vida lembra? A gente tinha uma vida. Foram seis anos.* Mas ela continuava outra. Falava comigo como se eu fosse uma estranha. Alguém que tinha invadido e destruído sua vida.

Os alicerces onde havia me erguido desmoronavam. Até o insuportável. Precisava fazer alguma coisa. De alguma maneira acreditava que minha presença pudesse demovê-la daquela loucura.

Já quase sem forças peguei umas roupas. Uma garrafa de café. Umas frutas e fui até ela. Dirigi doze horas seguidas. O contágio era enorme. O carro era o único lugar seguro. Às vezes abria as janelas. Dirigia bem devagar. Cantava alto. Ria. Chorava. Lembrava.

Foi quando resolvi me dar a mão e me guiar para lugares mais seguros. Enfim resolvi fazer alguma coisa por mim. Foi uma viagem tranquila. Dirigi com muita segurança. Não estava ali para morrer.

Ao contrário. Entrei naquele carro disposta à vida. Queria ter minha vida de volta. Antes um corpo arrastado por um tsunâmi. Um barco à deriva na tempestade. Agora um gesto adiante.

37

O peito calcificado aprisiona a alma que já não respira. Deve haver um ponto onde tudo regenera. O corpo quer descansar. Mas não dá.

É preciso respirar. Fazer o ar voltar a correr nos pulmões da Amazônia que agoniza. Pelos becos das favelas. Pelas vielas. Acampamentos. Ocupações.

O ar precisa circular neste corpo quase morto. De conteúdos estagnados. De restos. De uma civilização em ruínas.

É um vírus. Mas poderia ter sido um asteroide gigante.

38

Quase nem a reconheço. Tão magra. Os ossos protuberantes. A pele fria.
Nada ali havia que me lembrasse o meu bem. Os seus olhos de fogo.
O brilho do seu olhar. Que me arrancou beijos no meio da tarde.
No carro. Na rua.

Nada havia naqueles gestos duros que me levassem a ela. Suas brincadeirinhas.
E a mania de me tirar pra dançar sempre que tocava uma música.
Agora nada dela. Nada. E de sua boca ainda saem as mesmas frases ocas.
Toscas. Bobas. Tudo não.

Tem sim algo nela. Tem ódio de mim. Ódio. Meu bem nunca teve ódio de mim.
Nessa hora sei que não é ela. Meu bem não era assim. Eles a mataram.

39

Sinto falta de ar só de pensar naquelas casas áridas. O caminho de areia. A floresta todo dia sendo devastada. O caseiro cortava as árvores aos poucos e empilhava os troncos em um canto. Era uma floresta de árvores baixas à beira-mar. Um riquíssimo ecossistema que ele destruía. *Não senhora não sou eu. São apenas uns matos. Só umas árvores. O terreno ali já é do vizinho. Ele me contratou pra abrir uma estrada até a praia.*

Estamos em uma reserva permanente. Ninguém é dono de nada aqui. Apenas não pode desmatar e pronto. Você sabe. Eu te expliquei quando você chegou aqui. Me olha como se me dissesse e daí? Ele acha essa doença besteira. Exagero de televisão. Não usa máscara. Vai à igreja. Agride a mulher. Não bebe. Não fuma.

Meu corpo era um dos troncos empilhados. Eu os arrastava de um lado para o outro na esperança de que brotassem. Muitas vezes minhas pernas amoleceram enquanto atravessava aquele cenário que um dia já foi para mim o paraíso. Agora o céu derramava sobre minha cabeça gotas ácidas.

Eu ia até o chão e chorava. Sozinha naquela imensidão. O céu me oprimia. Aquelas pessoas me ameaçavam sorrindo.

40

Dirigi doze horas de volta. Sem alma. Dos olhos enchentes permanentes minguavam o corpo magro. Não havia sobrado nada. Um vazio aos poucos tomava conta do que restou de mim. Tinha pavor de ser engolida por aquele buraco.

O rosto do meu filho era a única coisa que me chamava de volta. Uma imagem que surgia iluminada. E vibrava produzindo vida. Uma usina de força. No meio das lágrimas um sorriso. Sincero.

Sim. A vida importa meu filho. O fluxo da vida e seu jogo perigoso importam. Muito. Mesmo que eu não saiba por quê. Ou para quê. Eu quero viver. Eu amo viver. Antes de tudo por você.

41

As mortes se acumulam nos noticiários. O desamparo é enorme. Eu e meu filho estávamos sós no mundo e a morte nos rondava. Ele tinha pânico de que eu me contaminasse e morresse. Agora que só tínhamos um ao outro.

Foram muitas noites insones. Muita angústia. Meu filho se confrontava com as suas memórias de modo quase violento. Não era mais uma criança aceitando o que lhe era dado. Era um jovem homem confrontando a si mesmo.

Aos dezesseis anos vi meu filho amadurecer com muito sofrimento e coragem. Ele precisava crescer. Tinha pressa. Talvez em sua sabedoria de algum modo soubesse o que ainda viria pela frente e o quanto poderia me ajudar. Nos ajudar a seguir adiante.

Foi esse jovem adulto que me tirou do chão quando eu rastejava de dor. Ele me recolheu. Me acolheu. Me respeitou. Compartilhou do meu silêncio. E sempre se manteve calmo. Sereno. *Mãe respira. Vai ficar tudo bem você sabe. Tudo passa. Isso vai passar.*

O seu nome próprio estava sendo talhado ali diante de mim. Ele lidava com um revés da sorte. Uma situação inesperada de perdas e sofrimentos. Vivíamos uma situação de tormento.

42

Faz alguns meses que a minha casa caiu me arrastando pro abismo.
Todos os dias a lâmina da morte me arrancava um pedaço.
De todos os lados petardos. Flechas e lanças me atingiam por dentro.
Tudo nefasto. Fastio. Cinzento.

Ainda sangra essa ferida exposta. O corpo ainda se dobra ao meio.
Pele ossos músculos ardem. As veias queimam de dor.
Nódoas densas na alma. O corpo sustenta o desamor.

O gato arranha o sofá da sala. Cheira a café.
Penso em meu pai. Dos seus olhos extraio a força que não tenho.
Senão lágrimas. Densas.

43

Não ter mais o seu corpo colado ao meu sob os lençóis me aniquila.
O seu corpo. Que me servia como certeza imediata.

Um acumulado de retratos acoplados. Agora esfarela.
A cabeça e as pernas. Os joelhos. As mãos.
Sobram os olhos. Ouvidos. Ansiando densidade.

Era tudo água corrente onde pensei que fosse chão.
Meus olhos não souberam ver.
O sofrer me alimentou de ilusão.

Foi tudo um sonho que agora desaba.
Com a civilização.

44

Quando o mundo dos humanos me fere recorro ao sagrado dos ventos.
Das águas dos rios e do mar. A força presente no chão.
Nas plantas. Nos olhos dos animais e das crianças pequenas.

Sei que existe a luz e a escuridão. Que se interdependem.
Sei também que o alvo da vida é a luz. Ganhar luz. Produzir claridade.
Advinda da descida à madrugada escura. Aos nossos escuros porões.

Abrir as janelas e deixar o vento atravessar os corredores.
De modo a remover os conteúdos estagnados.
Abrir espaços para que novas coisas se deem.
O que está por vir. O que ainda não aconteceu.

45

Ontem sonhei que arrumava a casa onde nasci e vivi até os dezoito anos. No sonho eu tenho uns quarenta. Pessoas começam a chegar para uma festa. São meus convidados. Meu pai não está presente e a casa não está pronta para receber as pessoas. Eu começo a ficar nervosa enquanto corro de um lado pra outro tentando organizar as coisas. Mas não consigo. Quanto mais eu arrumava mais a casa desandava.

Imploro à minha irmã que me ajude. Ela ignora. Minha mãe faz algumas coisas para me ajudar. Ela está sempre de costas. Não posso ver o seu rosto. E a casa vai se deteriorando cada vez mais diante de mim. Até tudo se transformar em uma grande obra inacabada. Uma casa ao mesmo tempo em construção e em ruínas.

46

De modo quase cruel a consciência me manda retratos do que fomos. Não os grandes acontecimentos. Mas os pequenos. Coisas avulsas. Como se alguém estivesse olhando fotos e as descartasse.

Um trecho da estrada que nos levava para nossa casa. Um lance apenas. Uma curva. O estacionamento do nosso antigo apartamento. O jardim de nossa varanda. Um papel com a sua letra. As nossas viagens de carro. Os cachorros. O gato. As roupas acumuladas na poltrona ao lado da cama. O que fazer com aquele buraco no tempo. Aquele vão?

Restava dias prostrada. Sem vida. Ainda sorria. Brincava com os cachorros. Animava meu filho. Me animava. Lutava por cada gota de vida. Até que em meu peito novamente se acumulava aquele rio quente que chamo amor.

O amor me move. O amor em si mesmo. Aquele que se manifestava em mim e no meu filho. Que eu mesmo na imensa dor não deixava de honrar. Preservar. Agradecer por ter tido a sorte de tê-lo. Sorte no sentido de boa fortuna. De destino favorável. De conjunção de forças em uma única direção.

47

No auge da dor busquei quem se propusesse a ler meu destino. Eu precisava. De um eixo qualquer por onde começar ou recomeçar a viver.

Era uma menina. Mas falava com a voz de uma mulher. Quase uma ordem. *Cuide de você. Suas feridas são muito profundas. As dores que traz da infância não te deixam seguir adiante. Você precisa se curar de um trauma. Fale sobre isso com alguém ou escreva.*

Isso está nas cartas? Eu perguntei. *Não consigo saber a que se referem. Um renascimento.* Ela disse. *Você morreu e te trouxeram de volta. Você já esteve em coma? Em alguma* UTI*?* Cada vez eu entendia menos. *Não, nunca.* E ela insistia. *Esteve sim. Você morreu e te trouxeram de volta. Você vai saber de tudo. As coisas lhe serão reveladas para que se cure. Você não merece sofrer assim.*

Foi ouvir isso e o meu braço ficou podre. Todo o braço esquerdo ficou mole. Sem vida. Teria que amputá-lo caso não fosse metáfora. Mas não. Ele não estava podre. Sobrava morto. Junto com o peito e o coração. O coração mudo. O sangue estagnado.

Sempre sofri desse braço. Passei a vida tentando curá-lo. Mas sofro também dos pés. A sola dos meus pés às vezes choram. E não sei o que fazer para consolá-las.

Passei a noite em claro. Do meu braço esquerdo minava uma água suja. Sobre o meu peito pousava uma barata. Eu tenho pavor de baratas. Pavor.

48

Sonhei que tinha uma barata pousada em meu ombro esquerdo
Na verdade sabia que não tinha. Mas era como se tivesse
Uma barata pousada em meu ombro esquerdo
Ainda posso sentir suas pernas espinhentas e seu cheiro

Tinha alguma coisa podre em meu ombro esquerdo
Uma barata que aderia à pele em forma de ferida
Uma ferida exposta por onde derramava a escuridão

Tinha uma escuridão vazando do meu ombro esquerdo
Um espinho enorme cravado. Tinha uma ausência
Morando um pouco acima e ao lado do meu peito
Eu tenho peito pensei. Eu tenho um peito

49

Do lado esquerdo do corpo uma ferida exposta
Deixa aberta uma fenda que se alastra

Penso que preciso me deitar
Colocar o meu lado esquerdo para descansar

Um pássaro com alfinetes no peito
Uma criança perdida na multidão

50

Junção de coisas que não se misturam somos nós
Pedras de rio não fazem uma parede
Nossa casa de pedra de rio agora desaba
E não há nada que possa trazê-la de volta. Nada

Não fui sua mulher. Fui sua inquilina. Por isso sofri o despejo

Chega você disse. O preço que você paga já não me basta
Não está mais valendo a pena este negócio
Vá embora. Dê seu jeito. Encontre uma casa
Você tem quarenta e cinco dias pra sair

(Não foi assim que aconteceu
Mas é como se fosse)

51

O amor agora é um resto que a gente quer despejar desse pote que foi nossa vida. Um recipiente muitas vezes farto agora restos acoplados às paredes desta casa corpo que tentamos resgatar do naufrágio que nos tornamos.

Só arranque de mim essa esperança ridícula de que tudo vai ficar bem. De que você perceberá. Seja lá o que for. Porque de fato não há para onde retornar. Já não há onde possa caber o nosso amor. Apenas mágoas. Narrativas. Pedras lançadas ao acaso. Lâminas. Já não há. Já não somos.

Continuava conversando com ela. Contava o que me acontecia. Fazia comentários. Pensava no que responderia. E chorava sempre um pouquinho. Aos poucos fui me despedindo. *Olha. Acho que vou ter que seguir sozinha.*

52

Mesmo que a manhã muitas vezes não acorde
E os dias se sucedam na escuridão

Uma hora a aurora se levanta
E nos arrasta
Em sua exuberância absoluta

53

Estamos no saguão do hotel. Ele me empurra suavemente com o corpo em direção ao elevador. Digo não. Eu preciso ir embora. Mas ele ignora. E faz tudo parecer normal. Como se o meu não fosse parte do jogo. Que por acaso eu não estava jogando. Agia de modo óbvio. Indubitável. Como se estivesse me presenteando com a sua presença. Afinal eu era apenas uma suburbana. Sozinha. Eu era uma menina.

Me sentia coagida. Ao mesmo tempo envergonhada. Ele era um homem importante. Imponente. A quem eu profissionalmente servia. Foi tudo muito rápido. Do alto de seu poder ele me conduzia pro quarto. Eu não conseguia reagir. Talvez ele estivesse certo. Assim como Soraia. E eu devesse morrer. Ou como um dia pensou minha mãe. Eu não devesse ter nascido.

Como quem se desmerece aos poucos fui morrendo. Com piedade por mim. Por ser tão pouco. Deixei que ele conduzisse aquela coisa até o fim. Estava sozinha no mundo. E em sofrimento psíquico. Profundo. Aceitei aquele homem como quem recebe um punhado de terra sobre o corpo. Para fazer tudo acabar.

Não fui capaz de dizer não. Não quero. Saia de cima de mim. O meu *mim* era apenas uma pequena chama de luz. Que eu insistentemente tentava manter acesa. E aquele homem era tão grande. Tão poderoso.

Com uma das mãos ele cobria minha luz. Com a outra manipulava um bebê. Que ainda não falava. Ele comeu uma criança recém-nascida. Emudecida. Que nasceu estraçalhada.

54

Meu corpo são mil bocas abertas
Mas não tenho fome
O que me atravessa tem fome de mim
Tudo me atravessa nessa pele boca
Multiplicada em poros

Tudo me come
O mundo me come
A fome me come a dor
Engravido

Fadada a parir pela boca cuspo pedras
Ansiando asas
Ontem sobre mim mesma curvada
Em jatos expelia desamor

Agora escrevo
No vazio do estômago a palavra

55

Recolho o que posso dessa vida sem abraço para ter coragem de seguir adiante. Meu corpo em isolamento absoluto chora baixinho a falta de contato. Eu e meu filho não nos recuperamos da queda. Muitos ossos quebrados na alma. Que ainda sangra.

Em muitos momentos meu filho perdeu o ânimo. Lutava contra si mesmo. Não se amava. Eu tentava de tudo para motivá-lo. Mas eu também estava no chão. E ele sabia. Se usei de tudo o que tinha para vencer este tsunâmi. Se nadei desesperada mesmo quando não havia mais nada. Foi sempre por ele. Para ele. Suas dores me doíam muito mais do que as minhas.

Nunca mais olharemos o mundo com os mesmos olhos. Muitas lâminas têm a vida e desamor. Recorremos ao amor de nossos animais. Passamos grande parte do tempo com eles. Que passaram a dormir conosco. Todas as manhãs os abraço. Um a um. Os beijos na cabeça. E eles devolvem em dobro esse carinho honesto.

56

Em uma das intermináveis madrugadas do período de maior contaminação meu filho me acorda. Ele tem febre muito alta. Fico apavorada. A cada minuto monitorava sua respiração. Muitas vezes gritei de desespero no banheiro abafando o som com uma toalha na boca. Estávamos sozinhos. Absolutamente sozinhos. Eu não tinha com quem contar. Nunca havia vivido tamanho desamparo. E desespero.

No terceiro dia acordou sem febre. Nos abraçamos chorando. Havíamos vencido mais uma luta. Juntos. Passamos as próximas semanas felizes. Comemorando a vida que ainda tínhamos. Brincando com os nossos bichos. E rindo à toa. Mas quase nunca nos abraçávamos. Apenas com os olhos. A dor que nos abatia era tanta. Nos bastava sobreviver. E sobrevivemos.

Não a odiei. Nunca. Penso que foi tudo um erro. Um desencaixe do tempo talvez. Uma brecha. Uma placa tectônica a se mover sem que alguém quisesse. Foi uma vertigem apenas. E restam entulhos agora. Restos de construção. Pedaços de laços desfeitos. Veias expostas mundo afora.

57

Estamos abraçados a um poste nesse imenso tsunami que não passa. Sabemos que sobreviveremos. De algum modo estamos aliviados. E até alegres. Somos uma exceção nesse imenso mar que nos invadiu a todos. Não falo do vírus. Mas dos afetos.

Esperamos a água baixar. Sobrevivemos a um dia de cada vez. Nos fortalecendo e nos aproximando. Somos duas pessoas vivendo essa viagem que se chama vida. Existência. Somos mais do que mãe e filho. Nem tem nome isso o que somos. Parceiros talvez. Na luta. Estamos sempre prontos a cuidar um do outro. O que também implica brigar um com o outro. Um pelo outro. Sabemos que não estamos sozinhos.

O movimento de uma placa tectônica quem sabe. Uma mudança no eixo da Terra. Seja o que for esse desabamento nos colocou para sempre do mesmo lado. E eu só posso dizer muito obrigada.

58

A vida nos toma pela mão
Pelas mãos renasce a vida
A vida se refaz por meio de nossas mãos

Minhas mãos sabem coisas que eu não
Minhas mãos têm um buraco no meio
Um furo onde a vida as atravessa
À força

Entre os peitos também tenho um buraco
Onde o vento e o tempo habitam
Em maio meu peito era puro vento fresco
Aberto ao mar

Agora o buraco engoliu o peito
Meu nome é vão

59

A maior parte de minha juventude morei sozinha. Passava muitas vezes vários dias sem conversar. Não tinha nem gostava de TV. Apenas um toca-fitas. Uma máquina de escrever. E livros.

Mas gostava e ainda gosto da noite. Das madrugadas nas festas. Nos bares. Dançando. Conversando. Amando. Sempre tive muitos amigos. E amores. Mas ao mesmo tempo padecia de uma solidão profunda. Constitutiva. Irreparável.

Sigo o meu próprio caminho porque não tenho competência de seguir nenhum outro. Vou forjando a estrada com a força dos meus pés tensionando o chão. Construo os dias um a um. Por insistência eu sigo. E por amor.

Um amor anônimo. Persistente. Insistente vive em mim. O amor dos brotos quando rompem a terra. Em busca de luz. O amor do dia que nasce depois de madrugadas assaltadas por fantasmas antigos. O amor pela vida.

Eu sou o que insiste. Desde sempre. Me alimento daquilo que acontece.

60

Mais tarde me culpei por ter saído tão jovem de casa. Nem tinha completado dezenove anos. Me perguntava se estava rejeitando o bairro. A falta de dinheiro. A família. Talvez um pouco de tudo. Não sei bem. A única coisa que sabia era que meu corpo transbordava para os lados. Me causava angústias profundas. Precisava de algo que pudesse me conter. Um afeto talvez. Acho que saí em busca de amor. De algum modo queria resgatar aquele abraço que não veio. No meu primeiro dia.

Nunca suspeitei que a dor que trazia na alma. Dilacerada desde sempre. Vinha dela. Da minha mãe. Da falta dela. Então embalsamava aquela ferida absurda e seguia. Sozinha. Como se a solidão fosse minha aptidão e meu destino. Ou minha culpa. Não abandono. Era duro demais saber tudo isso. Que só agora sei.

Eu sei ser sozinha. Até prefiro. Se a opção for me ancorar em um barco sem porto. Um leito de pedras sem limo.

61

Brincamos o dia todo naquele lugar escondido entre montanhas muito verdes. Próximo da colônia italiana onde meu pai nasceu. Meu pai adorava nos levar pra passear em lugares esplêndidos. Eu devia ter cinco ou seis anos. A água estava fria e era muita. E muito forte.

No fim do dia voltamos pra casa. Mas eu continuei lá. O barulho da água caindo. O volume. A força. Continuavam em mim. E eu não conseguia dormir. Não conseguia ir embora deixando a cachoeira sozinha. Derramando aquela imensidão sem saber pra onde.

Eu me compadeci dela. Ali. Sem ninguém. Então trouxe aquilo tudo comigo. Tatuado em meu ouvido. Em minha carne. Ainda trago. O fluxo da vida transbordando pra sempre. Desde sempre. Na madrugada.

Ainda ouço o barulho da água. Ainda posso sentir a força daquele fluxo.

62

Trago as coisas que vejo comigo
Tudo me atravessa
Mesmo que eu não queira

Aprendi a ir me recolhendo
Em torno deste contorno
Que todo dia traço

E me reconhecer
Neste segundo de minha história
Neste agora

63

Sim Eu entendo minha mãe. Mas isso não diminui a minha dor. Meu desamparo e profunda solidão. Vivi feito um bichinho lutando sozinha para sobreviver nesse mundo hostil. Não conquistei talento pra pessoas muito perto.

Minha solidão nessa vida tem sido imensa. E a dor de existir minha companhia. Não me esqueço um minuto de que sou mortal. Vivendo um raro momento de presença. Por isso sou alegre e tenho muita energia. Porque sei que tudo acaba.

Então me afeiçoei à terra. Aos rios e cachoeiras. Ao vento fresco. Às folhas das plantas. Ao fogo. Ao mar. Que me acolhem. Aprendi as artes da guerra. Especialmente as de defesa pessoal. Mas também fui aprendendo a usar estratégias de luta. E fui vencendo os medos. Os horrores. Até aprender a me curar sozinha.

64

Deito meio tonta esperando a resposta do advogado que vai enfim finalizar o acordo. Cochilo um pouco. Acordo assustada. Me vêm imagens do que vivemos. Banais. Mas valiosas. Se impõem a mim. Nossa vida retornando feito uma última visita. Uma despedida da memória que deve agora ser embalada. Para o porão ou para o lixo. Mas não há lixo na memória. Tudo de algum modo sempre fica. E às vezes se impõe.

Compro caixas de supermercado e as embalo. Tudo dói. As células do meu corpo choram abraçadas. Tudo são lágrimas. Não consigo andar. Minhas pernas são bananas podres. Mal me arrasto até o banheiro. Meu peito queima e derrete em gotas ácidas que caem rítmicas marcando as horas que não passam.

65

Fui ferida em um lugar onde ninguém deveria um dia ter tido acesso.
Onde mora minha luz.
Foi com esta luz que tantas vezes iluminei suas noites de insônia.
Seus caminhos ainda tão sombrios. Seus passos vacilantes.
E foi com esta mesma luz que acendi seu corpo em nossas noites de amor.

Desse fluxo de vida que te envolvia. Do calor que sempre aqueceu o seu corpo.
Da chama que deu vida a seus terrenos inférteis.
Agora resta uma brasa apagada no deserto. Sem nada.

Alamedas de alamandas amarelas
Uma estrada onde passar
Um futuro de mãos que se dão
Formando fios que se abraçam
Ou não

É preciso saber descansar
Ou se rompe a teia abstrata
Que nunca houve

Apenas um fogo que agora
Se apega. Se afaga
E não suporta a palavra
Apaga

66

Aos dois anos de idade caí em um reservatório de água no sítio dos meus tios. Na colônia italiana onde meu pai nasceu. Fui tirada de lá pelos pés por meu irmão que tinha oito anos. Aos cinco me tiraram desmaiada do mar. Bebi muita água enquanto meus pais se divertiam na praia.

Era como se entre mim e o mundo existisse uma camada de água. E a luz do sol a atravessasse. Cada vez menos. Eu via meu corpo descendo desfalecido. Até o fundo. Me lembro do corpo muito mole. Mal respirava. Não conseguia me mexer. Estava no colo de alguém que me tirou da água. Ouvia ao longe risos altos. Acho que estavam bêbados.

Foi só um susto. Alguém disse. E a festa continuou normalmente. Enquanto eu seguia sem alguém que me visse. Quando me sinto oprimida tenho falta de ar. A sensação de que estou me afogando permanece.

Eu te amo garotinha. E te cuido dentro de mim. Você não está mais sozinha.

67

Trago o peito preso. A alma estagnada. Choro cascalhos.
Na aridez dos dias e seus anzóis na madrugada. Sem peixes.
Acordo sem sonhos.

Levo minha dor pra passear entre as árvores.
Os passos lentos protegem do atrito a ferida exposta.
Desde sempre. Tudo fere. O vento. A memória de restos.
Os montes intransponíveis do não.
Aqui não é o seu lugar. Saia.

Falo a voz das profundezas.
Me afeiçoei aos abissais.
Desde sempre incomodei.

68

Não é destempero. Neurose. Histeria
Não é loucura o turbilhão de minha alma. Em demasia

É força. Coragem. Intensidade. Transbordamento
Fortuna de quem esbanja fartura. Ternura
Encantamento

69

No meio do corpo
Naquilo que nomeio entre os peitos
Habita um espaço infinito
Um buraco. Uma cratera
De onde espraia luz

Uma lava densa aos poucos
Derrama pelas veias
O corpo ferve
A vida arde

70

Do alto do dia uma mensagem. *Adoro você. Do jeito que você é.*
Não é dela. É de alguém que já foi um dia muito mais importante do que ela.
Mas não me foi permitido viver. O amor é um laço que escapa à nossa escolha.

Esta torre desabando assim me causando tanta dor. Quem sabe abra portas.
Mais amplas. Onde o meu ser possa caber. Expandir. Eu penso.

Brotam sentidos dos corpos quando se encontram.
Brotam desejos dos poços que no centro do corpo
Aumentam quando se abraçam.

71

Se estamos aqui há algo ainda
A transbordar do peito feito um rio
Sedento de mar

Estamos aqui ainda. A matar mosquitos
A rondar os restos dessa guerra tão antiga
Mas ainda tão viva em nós

Permanecemos sós
Juntando pedaços do que não foi
Vivemos nos escombros
Sem saber se ainda vibra
Algo sob estes retratos
Amarelados

Ainda há vida?
Nestes potes de dores escondidas
Sob camadas e camadas
De desamor?

Ainda estamos aqui
Entre restos e sempre em risco
De contaminação
Da nuvem sombria
Do amor estagnado em rancor

Ou ainda há amor
Ainda há?
Algo a abrotar
Deste corpo tão antigo?

72

A vida passa sem que eu possa contê-la. Vivo a perdê-la
Passo a passo. Dia a dia. Deixo-a ir. Abro as portas. Digo vá
Eu permaneço aqui onde nunca houve acordo

Acordo daquela noite sombria onde o mal fez sua morada
O caminho de pedras. Os obstáculos impedindo os fluxos

Foram tempos tão duros. A roda do moinho a girar partindo ossos
Gerando força e luz. E quanto mais luz mais pedras pontiagudas
A rasgar os pés descalços. O peito aprisionado por mórbidas mãos

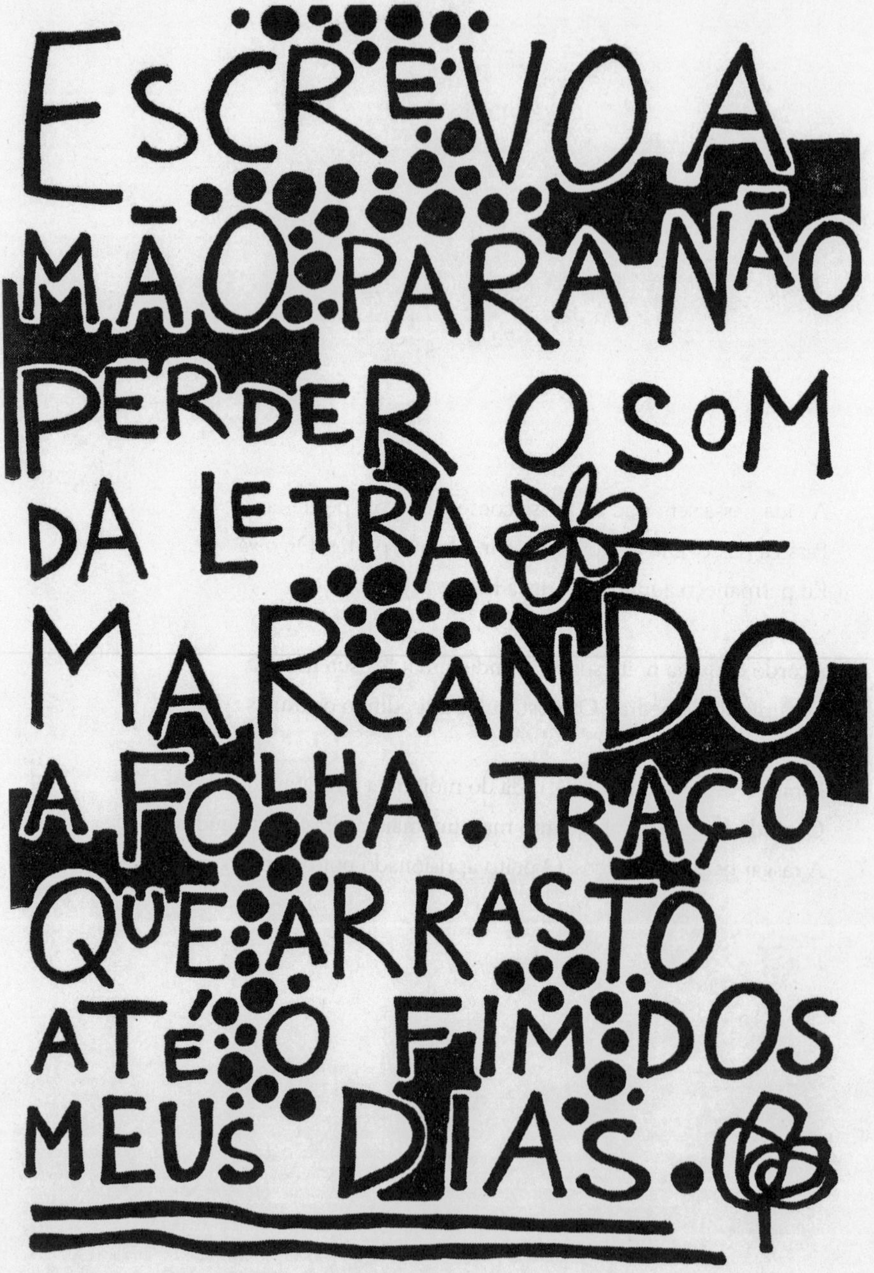
ESCREVO A
MÃO PARA NÃO
PERDER O SOM
DA LETRA
MARCANDO
A FOLHA. TRAÇO
QUE ARRASTO
ATÉ O FIM DOS
MEUS DIAS.

PARTE II

milagres sobre si mesmo

73

O ponto entre os peitos onde antes havia um prego
É agora um poro que se abre cratera absurda imensidão
E a tudo acolhe

Um afeto. Um som. Um olhar. Uma imagem
Retida na memória. Tudo reluz

Não há nada fora nem dentro. Tudo vigora
A vida transborda

Escrevo em busca desse lugar
Não em busca da palavra ou daquilo que enuncia
Ando em busca da poesia

74

Um dia tudo isso vai passar eu penso. E meu peito não mais pedra.
Não mais triste. Por agora simulo um fluxo de vida que ainda não tenho.
Aos poucos resgato pelos poros a alegria. Que agora míngua.

Resgato o que ficou das épocas de fartura. Olho o terreno seco.
As plantas mortas. Vou regando tudo com minhas lágrimas que escorrem
Em abundância. Sem perder a certeza de que brotarão flores.

Meu corpo terra seca. Espera dias plenos de água e colheita.
E dos poros voltarão a nascer frutos em honra à vida.
Este excesso que não se economiza.

Sim. Fui gravemente ferida. Minha alma estraçalhada sem abrigo
Anseia ervas curativas. E abraço.
Mas das gotas mínimas que já caem deste céu vislumbro fartura.
Me vejo campo lavrado. Me vejo colheita.

75

Aos poucos fui me distraindo com as cores do dia. O vento nas folhas.
Os pássaros no quintal entoando sinfonias. Um bando de tucanos voando.
E o café que a Lene me traz com tanto carinho: *Trouxe o seu cafezinho.*
Gesto que repete faz mais de dez anos.

Fui me lembrando de quem eu era. Me alegrando com o que fica.
O que me estanca em mim. Estas certezas óbvias e bobas.
O cantinho com os meus papéis. Minha cama quente. Os cachorros.
O gato. Meu filho. O outono. O inverno.

O corpo magro. As meias cor-de-rosa. O dia frio. A saia cinza e larga.
A camiseta preta de mangas longas. O céu azul.
O conforto encontrado nas letras. As mãos tensionando a caneta.
Nesta manhã de domingo.

76

Um vento rude e ousado tem lançado minhas mãos adiante
Este tempo nefasto tem levado minhas mãos à tinta

Procuro palavras ilesas de ilusão. Palavras brutas a solapar abstratas
Palavras nervos não palavras névoas. Procuro palavras susto

77

Palavras não precisam de rédeas ou concentração
Palavras não são reféns da emoção. Palavras são palavras
Letras. Sons. Retratos. Não são pessoas e paisagens

As imagens são imagens. Não são as coisas
Mesmo sendo incríveis. As coisas não são senão
Os nomes que damos. Suas formas e cores. Trejeitos
As coisas não são senão sons

Apenas a pele existe. Plena de poros que brotam
Quando prenhes de afeto. O que existe é o afeto
Na pele do corpo. No corpo da Terra

78

Meus pés beijam a Terra
Enquanto caminham sobre ela

A sola dos meus pés sabe coisas incríveis
Sabe as falas que a terra quase nunca diz

Às vezes os meus pés choram
Demoram a parar

Ouço os seus gemidos
Não quero mais andar eles dizem

79

No meio de tudo a editora não quer o meu texto. Mas o meu bom comportamento. Mas não estamos nos casando. Eu penso. A literatura que não digo que atinjo. Mas pela qual gostaria de ser julgada. Porque esta é a busca. Manifesta o que há de mais elaborado. Mais sofisticado no domínio da linguagem com palavras.

Não naquilo que manifesta. Mas no modo como se realiza. Da simples combinação de palavras à epifania das letras. O transbordamento da presença. A arte realça nossa grandiosidade. Ou aquilo que em nós almeja grandeza e não mesquinharia. Mesmo que os meus gestos sejam excessivos. Pouco polidos. Meu texto não depende de mim. E por ele. Não pelo meu comportamento. Deveria ser julgada.

A vida faz tempo tem sido gerida pela morte. A ordem de tudo é menos vida. Seja contido. Castrado. Bem-comportado. Não deseje. Se deseja não manifeste. Apenas o permitido por quem quer que seja. A mediocridade reina. Nos espaços de poder. Nas feiras. A vida míngua.

Sou daqueles que vivem para produzir vida. E compartilhá-la. Vida que é força. Impulso. À disposição do que há de grandioso no viver.

No fim das contas não importam as letras. As feiras. Nem os livros. Importa o que ainda resta de vida. Impulso. Ação. O que interessa é estar vivo. E eu estou. Muito viva. Ainda bem.

80

No centro do corpo sou terra adubada
Nem sempre. Mas às vezes muito
Feito agora que o ar se demora em desconforto

Não é deleite nem desfeita
Mas um vento ou véu. Talvez névoa ou luz
Também um aroma me toma desde toda
E me banha em poesia

Sim. A poesia às vezes me visita
Nem sempre em poemas
Mas em alegria. Contentamento

O que antes me consumia
Em madrugadas a fórceps
Parindo palavras duras
Agora amor

81

O amor não tem cabimento
O amor derrama pelos lados
O mais perto que pude chegar do sagrado
O amor torna o corpo aceso. Iluminado
Amar é muito mais do que ser amado

82

No dia em que meu pai entrou no quarto do meu filho que ainda nem havia nascido ele teve uma crise de choro. Como somente havia visto na ocasião da morte de sua mãe. Ou quando aos 18 anos resolvi sair de casa. Ele soluçava curvado sobre o próprio corpo feito uma cobra. *Me emocionei por ver esse quarto que eu nunca pude dar a você*. Ele disse. Mas não era isso. Eu penso.

Minha mãe estava vivendo em profundo desamparo. Especialmente com relação a ele. Viviam na casa dos meus avós de favor e já tinham três filhos. A mais nova ainda não tinha um ano. Imagino que todos acusavam minha mãe de esperar mais um filho. Naquelas condições.

Mas ela não pediu aquela criança. Meu pai também não pediu. Ninguém pediu. Foi a criança que se impôs a ela. A eles. Por quê? Eu me pergunto ainda hoje. Por que me impus desse jeito? Não os acuso.

Durante muito tempo eu me acusei por ter atrapalhado suas vidas. Mesmo sem saber eu me culpava. E tentei compensá-los. Com ajuda financeira desde que consegui o primeiro trabalho. E sempre tive os dois em vista.

Fiz sempre tudo para que nunca se envergonhassem de mim. E construí uma carreira de sucesso. Foi tudo para eles. Por eles. Para que tivessem orgulho. E soubessem que apesar de tudo minha vinda valeu a pena.

Minha mãe ficou muito feliz com o meu sucesso. Gostava de esnobar as amigas. A família. Ela tinha algo assim. Meio esnobe. Ele não. Ele realmente se orgulhava de mim. Independente dos outros. Ele me conhecia. Sabia quem eu era. E sempre me amou explicitamente. Sempre foi muito carinhoso comigo. Gostava de cozinhar pra mim.

Alguma coisa aconteceu nos primeiros dias do meu nascimento. Disso já não tenho dúvida. E os dois se culpavam por isso.

83

Viver é obedecer com dignidade e maestria
A esta monstruosidade de forças que nos excedem

Mais ou antes do que bem e mal
Importa poder suportar este choque de forças
Esta grandeza

84

O *que foi pai. Está com dor? Não.* Ele disse. *Mas você está gemendo. É angústia.* Ele responde. Minutos de silêncio. *É porque não tem mais jeito.*

E eu sem conseguir encarar o óbvio digo. *Imagina pai. Vou te tirar daqui. Vamos te levar pra casa.* Passamos a noite em claro. Eu contando coisas. Tentava distraí-lo. Mas o seu olhar era sério. Consciente de si. Ele apenas esperava. Dois dias depois já não estava mais aqui.

Nos primeiros minutos senti um certo alívio. Ele precisava descansar. Estava debilitado. Sofria já fazia anos. Mas à medida que as horas iam passando eu entrava em dor profunda. Imagens de infância retornavam. Seu sorriso. Suas festas. Sua alegria. Coisas que me sustentaram e ainda sustentam.

Sim eu tive um pai. Presente. Atento. E que sabia de mim. Do que eu pensava. Do que buscava. Um dia alguém na mesa se referiu a uma fala minha sobre educação. Ele interferiu dando uma aula sobre o meu pensamento. Fiquei muito feliz e surpresa. Ele falava com propriedade sobre aquilo que penso. Aonde quero chegar. Era um homem muito inteligente. Muito. Como todos em minha família. Minha mãe. Meus irmãos. Tanto os naturais quanto os adotivos.

85

Poucos anos antes de morrer meu pai se deparou com a foto de uma mulher com quem tive um relacionamento na juventude. Eu até então só havia namorado homens. Achava que aquilo estava em segredo. Ele olhou bem dentro dos meus olhos e perguntou: *Vocês ainda se veem?* Eu fiquei estatelada.

Não sabia que ele sabia. E de certo modo aprovava. Aquele amor. Seu olhar era doce. Perguntou como se já soubesse. Minha mãe até os seus últimos momentos fingia que não via. Mesmo eu estando casada com uma mulher.

O nome do meu pai era amor. É esse amor que transborda de mim. Em demasia. Um amor antes de tudo pela vida. Amor às plantas e aos animais. Ventos. Chuva. Cachoeiras. O amor pelo sol que nasce. O amor à música.

86

A dor da perda do meu pai durou anos. Tudo que me lembrava ele me levava às lágrimas. Ainda hoje sua lembrança me comove. E inspira. Era um homem que abraçava. Beijava. Elogiava. Especialmente quando bebia. Gostava de brincar com as crianças. Tinha muito gosto em nos levar pra passear. Sempre na natureza. Amava a vida e nos ensinava a saboreá-la. Assim. Na ponta da língua.

Me lembro de quando resolveu instalar caixas de som por toda a casa e nos acordava nos fins de semana com Mozart, Beethoven, que ele comprava em uma coleção de clássicos vendidos em banca de jornal. Depois nos brindava com banquetes que ele mesmo fazia. E amigos. E muita conversa. Sim. Esse era o meu pai.

87

A cratera que mora em meu peito às vezes se manifesta
E eu sou ela. A cratera. O vazio. O buraco

88

Não sobrou nada além do meu olhar diante do que desabava
Meu corpo transportado com o entulho
Na cama um conteúdo pastoso aos poucos se condensa
Em um corpo transparente feito um girino

E esse pulso quente que não cessa de suavizar minha voz me dizendo *vem*
Há um lugar onde pode caber o seu corpo de forma a contê-lo
Sob esta camada que agora desaba há outra mais ampla
Mais cheia de luz

89

Não podemos lutar contra a vida
Mas podemos nos aliar a ela
Seduzi-la
Tirá-la para dançar

Eu levei a vida pra cama
Desde então passei a gostar
De mulheres

90

Ela sempre soube da minha bissexualidade. Eu imagino. E se envergonhava disso. Quando saí de casa aos dezoito anos de idade foi um alívio pra ela. Pra mim também. Mesmo com todo o sofrimento que veio acoplado.

Atravessei muitas noites apavorada com os olhos arregalados. Tamanha a solidão. Mas não concebia voltar. Olhava para trás e não havia casa nenhuma. Não havia abrigo. De algum modo não me sentia pertencendo àquele chão. A casa é da mãe. Se ela não abraça não há casa.

91

Me pergunto tantas vezes por esse destino que me foi dado
O de ter nascido errado. O de ter me obrigado à minha mãe
O de ter me imposto à sua família
Sou a sobrevivente de um tipo de holocausto. Íntimo

Sem pele fui submetida a sessões de tortura
Baratas ele colocava embaixo de minha roupa
E eu exauria. De pavor
Tentava denunciá-lo e ninguém me ouvia
Implorava por proteção e ajuda. Que não vinham
Ela nunca me ouvia

Mas ele. O preferido de minha mãe. Também sofria
Tinha cacoetes
Mesmo tendo a mãe que eu não tinha
Todo mundo de algum modo sofre. Eu sei
Por isso não carrego mágoas
Apenas dor

92

Ela não era minha. Mesmo a tendo não a tinha. Ser como ela era uma forma de agradá-la. Ser como ela poderia ter sido se não a podassem. Talvez isso a incomodasse. Acho que minha bissexualidade nasceu dessa vontade de tê-la. O desejo de ser vista por uma mulher. Que a princípio não me via.

Do meu jeito consegui seduzi-la. No fim nos tornamos parceiras. Amigas. Fiz com que se orgulhasse de mim. E orgulho era uma palavra que a definia. Nos diversos sentidos que a palavra tem. Orgulhosa porque digna. Mas também porque rancorosa. Arrogante.

Adoro figos porque ela gostava. E o meu pai trazia pra ela. Ele sempre trazia alguma coisa da rua. Quando estávamos juntos dizia: *Leva isso pra sua mãe. Ela gosta.* Meu pai sempre foi uma âncora pra mim. Gostava de dar dinheiro pra ele gastar com besteiras. Quando se apertava me ligava. E eu sempre atendia com prazer.

Ele gostava de gastar com bugigangas. Nunca era muito. Mas do que ele gostava mesmo era de mim. Ele me admirava muito. E me entendia.

93

Soube de uma mulher que não esgarçou nada quando veio ao mundo. Tudo pra ela foi orquestrado para que não sofresse. A ponto de não ver nada fora da borda que lhe era dada. Nunca vi ninguém tão nada. A falta de vazios na alma fez com que ela nunca tivesse cara. Quero dizer rosto. Feição.

Os seus dias se somavam apenas. Sem que sentisse gosto. E ela tentou mudar essa história. Mas lhe faltou coragem. Seguiu pálida e sem vida. Um bibelô sofisticado sobre um móvel importado na sala de uma casa de dez quartos vazia.

94

Tem muita verdade no mundo e pouca coragem
É preciso coragem pra saber o que se sabe

E honrar a Terra que pisa
E a pele que habita

Por enquanto

95

Uma cama é só uma cama. Um quarto um quarto
Alguns têm tapetes e penteadeiras. Outros têm goteiras
Algumas camas têm dossel. Mas uma cama é só uma cama

Uma roupa é apenas uma roupa ou sapato
Já os olhos das pessoas não. Os olhos das pessoas
Abrem portas para os fluxos. Os olhos dos gatos também
E dos cachorros e cavalos

Um dia em uma lente aumentada
Pude ver os olhos de um mínimo inseto
Também ali pude ver o fluxo

Os olhos abrem portas para os fluxos

96

Depois que meu pai morreu tivemos conversas mais longas. E maiores silêncios. Ela foi ficando mais terra. Mais chão. Já não se preocupava em se ocultar. E já não havia aquele sorrisinho sarcástico que às vezes esboçava no canto da boca. Eu a visitava com frequência. E riamos muito juntas. Ela amava as minhas histórias. Alguma coisa de criança ainda sobrava em nós. Tínhamos conquistado um tipo de paz.

Uma tarde aguardávamos minha irmã em sua casa de praia. Em uma varanda externa aberta ao mar conversávamos sobre as tartarugas marinhas. E do nada ela começou a falar sobre o seu casamento. Me disse que as pessoas desconfiavam de sua honestidade. Se ela já tinha tido ou não um homem antes do meu pai. E foi ficando nervosa. Ansiosa. Ela claramente tentava me dizer alguma outra coisa além daquilo. Mas não conseguia. Pude sentir sua aflição. Ela precisava falar.

Algumas vezes penso que ela queria me dizer que já tinha amado uma mulher. Ou que disseram isso dela. Seja o que for ela não conseguiu. Cerca de um ano depois foi ficando sem voz. Até parar totalmente de falar. Sem ficar doente. Quase como uma decisão consciente. Me disse já com pouca voz que estava na hora de ir. Estava cansada. Queria encontrar o meu pai.

Nas duas últimas vezes em que nos encontramos ela demonstrou muita alegria em me ver. E um certo alívio. *Que bom que você veio. Queria me despedir.* Ela falou. *Você está tranquila? Não quer mais melhorar? Ficar boa?* Eu disse. *Não.* Ela respondeu. *Eu quero ir.*

Então vá minha linda. Você fez um grande trabalho por aqui. Tá todo mundo bem. Segue em paz. Você tem mágoa de alguém? Quer dizer alguma coisa? Ela respondeu séria. E firme. *Não. Então segure na mão de Nossa Senhora quando chegar sua hora. Não tenha medo. Peça a ela pra te levar até o meu pai.*

Ela se sustentou nos meus olhos. Na firmeza de minha voz. E esboçou um quase sorriso. *Fica em paz meu amor. Vai ficar tudo bem*. Essa foi a última vez que nos vimos. Quinze dias depois ela morreu. Estávamos no meio da pandemia. Eu não tinha ideia de tudo o que hoje sei. Na verdade sempre soube. Mas preferi não saber.

97

Já tinha tomado a segunda dose da vacina quando me contaminei pela primeira vez. Fiquei muito mal. Acordei de madrugada vomitando. Com febre altíssima. Muitas dores no corpo e falta de ar. Foram dias muito sofridos. Estávamos somente eu e meu filho.

Como queria evitar que ele se contaminasse não deixava que subisse em meu quarto. Acabei sem tratamento adequado. Tive pneumonia. Soube pelas sequelas no pulmão. Foi no meio desse isolamento que minha mãe se foi. Não pude ir ao enterro. Tive que suportar toda dor sozinha. Desatinada. Andando pelo quarto chamando por ela. E não havia nada ali. Nem ninguém. Chorava baixinho. Eu era novamente um criancinha procurando colo. Por ironia minha mãe se foi me deixando sem um abraço.

Foi quando ela veio me visitar. Me confortar. Ela. A mulher que havia me lançado naquele imenso abismo. Estávamos separadas fazia um ano. O desabamento de minha casa corpo ainda me desfazia as vísceras. Ela veio quando soube.

Ficou por algumas horas me velando. Sentada a uns quatro metros de distância. Enquanto eu em absoluto desespero esbravejava contra a vida. E contra ela. Por tudo o que havia me causado. Eu urrava de dor. Tentava de todo modo atingi-la. Afiava minhas palavras lâminas e as lançava ferozmente contra ela.

Mas ela permaneceu. Ali. De longe. Me olhando. Muda. Por horas. Me ouvindo. E recebendo todo o meu ódio. Meu desespero. Lágrimas corriam dos seus olhos. Tristes. Doces. Jamais me esquecerei desse dia.

Ela. Que me lançou na maior queda que a vida já tinha me dado. Foi quem me devolveu o fio de vida quando eu mais precisava. Não somente naquele dia. Pouco tempo depois quando por despeito me difamaram. A ponto de eu mesma desacreditar de quem era. Quando meu corpo esfacelado não podia mais lutar. Ela soube do meu infortúnio e interveio. Atravessou o meu olhar de desprezo para me dizer *não. Eu sei quem você é. Não se perca. Levante a sua cabeça. O seu caminho é de luz.*

98

Ela me deixou sem casa. Mesmo prometendo que nunca um dia não
Ela me deixou sem chão. Sem corpo. No ar
Nem sei como pude. Voltar. Daquele lugar sombrio
Só sei que vi a mão do meu filho. E agarrei

Com leveza e suavidade planamos até o chão. Quase ontem
E tudo agora brota. Dos buracos escavados na tormenta
Nascem frutos silvestres. Nascem flores

99

Quando todos os próximos aos poucos disseram não
E bruxas peçonhentas atravessavam o meu caminho
Ela me disse *eu sei quem você é*

Quando a dor e o desespero foram arrancando as pétalas
Uma a uma. Com um sorriso no rosto ela disse
Você não é nada disso

Ela enfim me arrancou da hora em que eu
Já nem sabia quem eu mesma era
O ar sombrio dos ursos me desfazia laço a laço
Até não ser nada que pudesse lutar por si mesma

Foi quando ela me emprestou os seus olhos
Me deu a mão. E me fez parir um eixo
Eu ganhei corpo. Pousei no chão

Me ancorei em sua certeza. E voltei
Aos números. Aos nomes das ruas
Aos postes de luz

100

Não sou talhada em rancores
Sofro de águas não de mágoas
Tudo em mim deságua

101

Durante quase todo o dia ouço música. Quando não reina o imenso silêncio das árvores ao vento e do uivo de algum cão. Agora a chuva tempera o ar com uma densidade amorosa que a tudo coroa com um brilho sagrado. A chuva me comove ao extremo.

Às vezes saio descalça com os cães pelo quintal. Eles comemoram os pingos transbordantes de céu que se acumulam nas coisas. Em meus cabelos. Nos seus pelos. Tudo divaga. Os cães contemplam a tarde acesa.

Isto seria apenas o início do que agora brota de minhas mãos. Mas o medo de estar aberta a estas letras que me arrastam me lança fora daqui. Como se eu não pudesse assumir o legado dos que me antecederam e verter e untar e ungir e amar. Com um amor que não é meu. O mundo.

É com o amor do mundo que eu cometo o sacrilégio de amar o mundo. Não com o meu amor. Não há amor maior que o próprio amor. Campo de forças onde prepondera a adesão. O encontro. O amor é o princípio da vida orgânica feita de trocas.

102

Daqui. Do saguão do hotel de onde escrevo. Chega uma mulher bonita. Perfumada. Um homem a aguarda. Já não são jovens. Faz tempo. Acho que se escondem.

Um longo abraço na chegada. Parece ter sido talhado na saudade tantas vezes concebida. Não se veem faz tempo. Séculos talvez. Se sentam. Pedem dois cafés e ninguém toma. Apenas se olham demoradamente em silêncio enquanto as mãos se tocam em gestos mínimos. Sem que ninguém dissesse uma palavra. Uns esboços de sorrisos. Uma lágrima. Talvez.

Fico imaginando o que aquele encontro guarda. De longe posso sentir o calor atravessando as mesas. Invadindo os corredores. Elevadores. De um amor escondido nas marcas já definidas no rosto deles.

Me distraio um momento com as minhas próprias imagens. Os procuro e não estão mais ali. Ficou o rastro do amor. O amor que não morre. Mesmo que tudo diga não.

103

O amor
Só o amor afinal importa
Esta chama acesa no peito
Transbordando do leito das veias
No corpo desperto aberto pro mundo

No fim das contas e dos *likes*
Das roupas e dos sapatos
Dos barcos em alto-mar
Sobra este pulso quente
Ou nada

Tudo desaba sem valor
Quando já não vale a vaidade
Balão de gás. Bolha de ar

104

Gosto do jeito das pessoas olharem.
Reparo sempre no tom de voz.
No lugar de onde sai o ser ou o estar de cada gesto.
Cada um almeja uma luz que não acessa.
Onde mora eu penso nesta pessoa.
O fluxo luminoso que se chama vida.

Já conheci gente buraco negro.
Me inspirei naqueles que são pura luz.
Mesmo às vezes escuridão.
Gosto das ondas que se espraiam das presenças.
Percebo antes de tudo a gira que encaminha cada ser.
A onda que o constitui.

Somos todos ondas que se ordenam.
Ou tentam se ordenar.
Viver é amar.
Tomar nas mãos as próprias forças
Até que se possam lapidar
No contato com as outras ondas de vida e calor
Que se desdobram.
Ao redor.
Só há ao redor.
Infinitos centros se tangenciam.

Mais do que de pessoas gosto das ondas
Daquilo que se diferencia em corpos humanos.
Em vidas que se proliferam.
Cada um é um mundo com as suas ordens próprias.
Suas agonias e êxtases.

105

Passei a vida sem autorização pra viver. Vivi na ilegalidade tentando provar que podia. Por isso conheço bem a vida. Falei muitas vezes com ela. Aprendi a sussurrar em seu ouvido. E ela me respondeu com sua força feminina. Seu jorro intenso. Que compartilho.

Agora posso falar. Já se passou uma vida. De como dói ter força. Ser uma usina de vida. Flexas nos olhos e na boca do estômago socos. Rasteiras nos pés e furúnculos no corpo. Pedras pontiagudas sob os pés e espinhos na alma. Fui assolada por pragas e ervas daninhas. *Por que você se isola?* Perguntavam.

Fui me recolhendo dos olhos dos outros de modo a poder exercer a liberdade de ser sem pele e sem chão. Sem que me empurrassem no abismo. Sempre fui um bicho esquisito. Solto no mundo desde muito cedo.

Na impossibilidade de jorrar pra fora construí reservatórios internos que hoje jorram fartura. Sou um ser hidrelétrico. Aprendi a produzir vida a partir de meus próprios limites. E obstáculos.

Na imensa solidão em que vivia fui capaz de abraçar o meu próprio corpo e ser pra mim mesma a mão que me conduzia. Dos destroços da alma tantas vezes dispersa por disparos de ódio aprendi a germinar sementes. Agora faço milagres. Sobre mim mesma. Milagres sobre si mesmo é a regra por aqui.

106

No hiato entre a vida e a morte a vida fala
Palavras ainda cheias de sangue. Placenta

No abismo o colostro. No olho do furacão
A força gera voz. Sentidos. Gera a música

107

Ainda sinto a força de sua voz quando dizia. *Vai com Deus. Cuidado minha filha. Tenha juízo.* Suas rezas. Sua fé. A certeza de que sempre tudo daria certo. Minha mãe era firmeza e positividade além de beleza. Era uma mulher muito bonita. Mas também muito discreta e elegante em seus gestos e palavras. Devo muito a ela e agradeço ao que foi capaz de me dar.

O vazio que trago na alma é o espaço onde cabem minhas palavras. Acesas. Meu corpo vazado acolhe as manhãs. E me enxerta de vida. Sou uma usina de força. Se a hora do meu nascimento foi errada. Ao mesmo tempo minha família me deu uma casa. Plena de arte. Alegria. Coragem.

Muitas vezes me vejo de relance em algum espelho e lá está ela. Somos idênticas. Eu te amo minha mãe. E te preservo quente dentro de mim. Sim. Eu digo sim à vida. Viveria tudo outra vez. Infinitas vezes. Exatamente do jeito que foi.

108

Antes havia sandálias de salto fino e festas até todos irem dormir.
E os pés presos ao chão na madrugada sombria e sem luz.

O dia nasceria com certeza mesmo que eu não.
A cor das coisas ganharia contornos de luz.
Mesmo que eu não as visse.

Até lapidar a alma a ponto de aprender a ver.
E poder derramar em contornos raros o que ninguém ainda nunca não.

Quem sabe apenas tudo transtornos psíquicos.
Essa dor que se instala nos gestos e na voz.
Escrevo porque preciso fixar no papel aquilo que me mata.

109

A morte raramente nos atinge de fora
Há morte quando a vida míngua

Sem ter onde ancorar a vida parte
Em busca de outras vibrações
Condensadas
Em busca de outro corpo

Escrevo para me livrar
Conjugo o verbo livro

110

Em cada poro uma semente foi o que me impôs a vida
De ser o meu corpo adubo onde palavras regeneram

Por vezes um ser atormentado pelo destino de corte
Aquele que impõe os versos que sempre desabam
Antes que a linha berço de letras acabe

Sucessivas lâminas lapidando esta luz que não é minha
No entanto insiste no abismo dos meus poros escancarados

Por uma coragem física que se impõe mesmo que eu
Esbraveje sozinha na madrugada sem luz

111

Posso vagar pelos riscos que saem da caneta nesta folha branca
Escrevo a mão para não perder o som da letra marcando a folha
Traço que arrasto desde sempre até o fim dos meus dias

Quando a grande onda me levar e eu sem corpo
Passar a vagar entre as palavras
Quando enfim me tornar apenas um nome
Um conjunto de letras apenas

Quando em mim não mais houver presença
Nada tardará em excesso feito agora
Quando a vida ainda insiste. Neste corpo que vibra
Na madrugada acesa

112

A solidão sopra coisas em meu ouvido
Enobrece o meu espírito
Com sua rudeza elegante

A solidão encaminha meus passos
E me abre ao abraço
A solidão me devolve ao mundo

113

No espaço onde o vazio espraia
Aprendi a colocar coisas dentro
Pra germinar

Tudo brota desde que semeie
Tudo nasce
Tenho unhas fortes
E braços

Das ausências
Das pausas na respiração
Da saudade daquilo que não houve
Nascem palavras acesas
Nasce luz

114

Sim eu ganhei empatia
Acolho o outro nos espaços dos meus poros
Meu corpo vazado muitas vezes um acampamento
De feridos e famintos de amor
Os acolho e alimento

Uma alma estraçalhada acolhe
Nas vagas entre escombros ela acolhe
E isso a aquece

115

Ando nas ruas com pessoas penduradas em meus cabelos
Em meus seios em minhas mãos. Pessoas pululam entre os meus pelos
E entre as bandas de minha bunda. Carrego pessoas no umbigo
No colo. Pessoas insistem em meus ouvidos e boca

Mas elas às vezes preferem as mãos
Algumas pessoas querem estar em minhas mãos
Mas as necessito vazias. Plenas de silêncio e solidão

116

Palavras em sua ausência de corpo suportam toda dor
Sem corpo suporto a dor do mundo nas costas
Que não são minhas nem de ninguém

Na palavra que adquiri com o tempo tudo cabe
Pela via da palavra me livro

117

Havia em meus escombros uma porta entreaberta. Uma porta que nunca conseguiu ser fechada. Uma porta feita de carne e de ossos. Feita de pele. No meio dos destroços entre restos. Esta luz.

Delicadamente a colho e a deposito em meu peito. Permito que me aqueça por dias. Aos poucos cresce. Ganha corpo. Com delicadeza vou plantando suas sementes nos cantos mais escuros. Até as manhãs irem nascendo depois de tanto tempo sem luz.

118

Engravidei do braço esquerdo. Um óvulo ali foi fecundado

119

Era tudo umbigo o que caía era cordão

120

Um gosto de placenta permanece no corpo enrugado
Essa película de passado tão difícil de ser rompida

Aos sessenta anos nasci para uma nova vida

Este livro foi composto na tipografia Berling,
em corpo 9/15, e impresso em papel off-white no Sistema
Cameron da Divisão Gráfica da Distribuidora Record.